CONTENTS

JN048605

生命

1 下線の語の意味として適するものを下から選び，記号で答えなさい。

(1) She was a fast runner in her youth.　　　　　　　　（　　　）

(2) She has had a slim figure her whole life.　　　　　（　　　）

(3) Global warming is a common problem for mankind.　（　　　）

(4) I learned about the names of the body's organs.　（　　　）

〔　ア　器官　　イ　姿　　ウ　若さ　　エ　人類　〕

2 日本文に合うように，与えられた文字から始まる語を（　　　）に入れなさい。

(1) その双子は異なった性格を持っている。

The twins have different (c　　　　　　　).

(2) この問題を早急に解決することが不可決だ。

It is (v　　　　　　　) that we solve this problem soon.

(3) あなたの母国語は何ですか。

What is your (n　　　　　　　) language?

(4) この技術は次の世代に伝えられる。

This technology will be passed on to the next (g　　　　　　　).

(5) 若者が多く住むその町は活気にあふれている。

The town where many youngsters live is full of (l　　　　　　　).

▼ ここで折り返して答え合わせ ▼

3 日本語に適する英語を書きなさい。与えられた文字から書き始めること。

(1) 脳　(b　　　　　)　　(2) 肩　(s　　　　　)

(3) 血　(b　　　　　)　　(4) 腕　(a　　　　　)

(5) 胸　(c　　　　　)　　(6) 筋肉　(m　　　　　)

4 日本文に合うように,(　　　　　)内から最も適する語を選び,〇で囲みなさい。

(1) 彼は勇敢だ。

He is (shy / brave / nervous).

(2) 緊張するときは深く呼吸するとよい。

It is good to (breathe / grow / marry) deeply when you get tense.

(3) あなたはなんて寛大なんでしょう！

How (anxious / serious / generous) you are!

(4) 彼は昨夜ソファーで寝てしまった。

He fell (sleepy / asleep / sleep) on the sofa last night.

(5) 今朝, 私は鳥のさえずりで目が覚めた。

I (brought / woke / turned) up to the sounds of birds singing this morning.

▽ ここで折り返して答え合わせ ▽

1

日本文に合うように,(　　　)に適する語を下から選んで入れなさい。必要ならば適する形に変えること。

(1) 私は彼がそこにいることに気づかなかった。

I didn't (　　　　　　) he was there.

(2) 彼女は私の顔をじっと見つめた。

She (　　　　　　) me in the face.

(3) 彼は腕時計をちらりと見た。

He (　　　　　　) at his watch.

(4) あなたは昨日,自動車事故を目撃しましたか。

Did you (　　　　　　) a car accident yesterday?

[glance　　notice　　witness　　stare]

2

日本語に適する語を下から選び,記号で答えなさい。

(1) 視覚　　　　　(　　) 　(2) 味覚　　　　　(　　)

(3) 飢え　　　　　(　　) 　(4) すっぱい　　　(　　)

(5) のどがかわいた(　　) 　(6) にがい　　　　(　　)

[ア sour　　イ taste　　ウ bitter
　エ thirsty　オ vision　カ hunger]

▼ ここで折り返して答え合わせ ▼

3 日本文に合うように，与えられた文字から始まる語を（　　　　）に入れなさい。

(1) 彼女は悲鳴をあげて，助けを求めた。

She (s　　　　　) and called for help.

(2) 私があなたを満足させるには何をすればよいですか。

What should I do to (s　　　　) you?

(3) あなたはあなたの息子にイライラしているようですね。

I can see you're (i　　　　　) with your son.

(4) 私は試験の結果が少し心配だ。

I'm a little (a　　　　　) about the result of the examination.

(5) 祖父はとてもうろたえているように見えた。

My grandfather looked very (u　　　　　).

4 下線の語の意味として適するものを下から選び，記号で答えなさい。

(1) She doesn't have the <u>courage</u> to talk to him. （　　）

(2) My heart was filled with deep <u>sorrow</u>. （　　）

(3) Let me check the <u>contents</u> of the e-mail now. （　　）

(4) Our family moved to the countryside for <u>comfort</u>. （　　）

(5) The children cannot control their <u>emotions</u> yet. （　　）

[ア 悲しみ　イ 快適　ウ 勇気　エ 内容　オ 感情]

▼ ここで折り返して答え合わせ ▼

1 下線の語の意味として適するものを下から選び，記号で答えなさい。

(1) Our company pays <u>wages</u> every month. （　　）

(2) I have a lot of <u>tasks</u> to do today. （　　）

(3) The job requires manual <u>labor</u>. （　　）

(4) Bob's son has a great <u>career</u> as a police officer. （　　）

(5) What is your current <u>profession</u>? （　　）

(6) He is known as a mountain climbing <u>expert</u>. （　　）

(7) The doctor doesn't care about social <u>status</u>. （　　）

> ア　仕事　　イ　経歴　　ウ　賃金　　エ　職業
> オ　労働　　カ　専門家　　キ　地位

2 日本語に適する語を下から選び，記号で答えなさい。

(1) 同僚 （　　）　　(2) 事務員 （　　）

(3) 議長 （　　）　　(4) 企業 （　　）

(5) 公務員 （　　）　　(6) 奴隷 （　　）

> ア　clerk　　イ　chairperson　　ウ　officer
> エ　corporation　　オ　colleague　　カ　slave

▼ ここで折り返して答え合わせ ▼

3 日本文に合うように，与えられた文字から始まる語を（　　）に入れなさい。

(1) 彼女は解雇された理由を理解していない。

She doesn't understand why she was (d　　　　　).

(2) その企業は1000人の労働者を雇っている。

The company (e　　　　　) 1,000 workers.

(3) 彼は部長に昇進した。

He was (p　　　　　) to a chief director.

(4) 彼女はそれまでの職を辞し，編集者になった。

She (r　　　　　) her position to become an editor.

(5) コックは長年その家族に仕えた。

The cook (s　　　　　) the family for many years.

4 （　　）に適する語を下から選んで入れなさい。

(1) You work long hours, so why don't you take a (　　　　　)?

(2) Our daily (　　　　　) is to clean the front of the store.

(3) I'll teach the new (　　　　　) the roles of the company.

[recruit　　routine　　break]

1 日本文に合うように，(　　　　)内から適する語を選び，○で囲みなさい。

(1) 私は列車からバスに乗り換えた。

I (transferred / transformed) from a train to a bus.

(2) 風の向きが変わった。

There was a (shift / vary) in the wind.

(3) 交通事故の数が増えている。

Traffic accidents are (adding / increasing) in number.

(4) 彼らは合計25ドル支払った。

They paid a (sum / proportion) of 25 dollars.

(5) 彼女の強みは記憶力です。

Her (depth / strength) is her memory.

2 日本文に合うように，与えられた文字から始まる語を(　　　　)に入れなさい。

(1) その接客係はコップに水をいっぱい入れた。

The server (f　　　　　　) a glass with water.

(2) 旅行はその人の視野を広げる。

Traveling (e　　　　　　) one's horizons.

(3) あそこで船が沈みかけている。

A ship is (s　　　　　) over there.

(4) 子どもの数は徐々に減少してきている。

There has been a (g　　　　　) drop in the number of children.

(5) 彼女はその少年に木を揺すってリンゴを落とさせた。

She made the boy (s　　　　　) apples down from a tree.

(6) あなたは誓約書を明日までに修正する必要がある。

You need to (m　　　　　) the contract by tomorrow.

(7) 風が吹く方向に進んでください。

Go in the direction the wind (b　　　　　).

3 下線の語の意味として適するものを下から選び,記号で答えなさい。

(1) I'm studying for qualifications to get a steady job. (　　)

(2) The woman has a flexible mind. (　　)

(3) It's important to always have multiple options. (　　)

(4) I have a broad knowledge of environmental theory. (　　)

[ア　幅広い　イ　安定した　ウ　多種多様な　エ　柔軟な]

▼ ここで折り返して答え合わせ ▼

1 日本文に合うように，（　　　）内から適する語を選び，〇で囲みなさい。

(1) 率直に言って，私はその計画に反対だ。

(Frankly / Surprisingly), I'm against that plan.

(2) 彼女はたぶんもうすぐ来るでしょう。

She'll (inevitably / probably) come soon.

(3) 彼の言っていることは確かに本当だ。

What he says is (certainly / possibly) true.

(4) 幸いにも，彼女のけがはたいしたことはなかった。

(Honestly / Fortunately), her injury was not serious.

(5) 彼らは定期的に会って，卓球をする。

They meet (regularly / absolutely) to play table tennis.

2 日本文に合うように，（　　　）に適する語を次ページから選び，記号で答えなさい。

(1) 状況は極めて悪い。

The situation is (　　　) bad.

(2) 雨が激しく降り出した。

It started to rain (　　　).

▼ ここで折り返して答え合わせ ▼

(3) 彼女は事態を深刻にとらえなかった。

She didn't take the situation (　　　).

(4) 繁華街へ出て，夕食を食べよう。

Let's go (　　　) and have dinner.

(5) そのときは疲れていて，ほとんど歩けなかった。

I was so tired that I could (　　　) walk.

(6) 私は彼らの意見に完全に賛成しているわけではない。

I don't (　　　) agree with their opinion.

```
ア　heavily    イ　downtown    ウ　seriously
エ　hardly     オ　extremely   カ　completely
```

3 下線の語の意味として適するものを下から選び，記号で答えなさい。

(1) Look more closely at this video.　　　　　　　　　(　)

(2) Do you understand this problem correctly?　　　　(　)

(3) He seems to want to talk to you directly.　　　　(　)

(4) The burning flame will eventually die out.　　　　(　)

(5) The population of India is increasing rapidly.　　(　)

```
ア　急速に    イ　注意して    ウ　直接
エ　正しく    オ　やがては
```

▼ ここで折り返して答え合わせ ▼

→ 2 (2) heavily は「激しく」の他に，「重々しく，重そうに」という意味がある。

1 (1) Frankly　(2) probably　(3) certainly　(4) Fortunately　(5) regularly　2 (1) オ　(2) イ

1 日本文に合うように，与えられた文字から始まる語を（　　　）に入れなさい。

(1) 悪天候だったので，ピクニックを断念した。

(B　　　　) (o　　　　) the bad weather, I gave up on the picnic.

(2) 私たちは家を買うのに十分なお金を持っている。

We have (e　　　　) money (t　　　　) buy a house.

(3) 母は少なくとも月に一度はうちに泊まりに来る。

My mother comes to stay with us (a　　　) (l　　　) once a month.

(4) 彼女は正直なだけではなく賢い。

She is not (o　　　　) honest (b　　　　) (a　　　　) wise.

(5) 彼に助けを求めることは彼女のプライドが許さなかった。

She was (t　　　　) proud (t　　　　) ask him for help.

(6) この本を読むたびに昔を思い出す。

I never read this book without being (r　　　　) (o　　　　) the old days.

2 日本文に合うように，（　　　）内から適する語を選び，〇で囲みなさい。

(1) 彼か私のどちらかがその会合に出席します。

(Either / Neither) he or I am to attend the meeting.

▼ ここで折り返して答え合わせ ▼

(2) できるかどうかにかかわらず, やらなければいけません。

We have to do it, (whether / which) we can or not.

(3) たとえ悲しくても, 泣かない方がよいです。

You should not cry (still / even) if you're sad.

(4) 彼は結局姿を見せなかった。

He did not turn up after (all / the end).

(5) 教師はたぶん生徒たちに腹を立てるだろう。

The teacher is (similar / likely) to get angry at the students.

3 日本文に合うように, (　　　)に適する語を下から選び, 記号で答えなさい。

(1) 植物には水の他に太陽の光が必要だ。

In (　　　) to water, sunshine is necessary for plant life.

(2) 流行が変わり小型車が好まれるようになった。

There was a change in fashion in (　　　) of small cars.

(3) 母は病弱だが, いつもとても明るいです。

My mother is always cheerful in (　　　) of her poor health.

(4) 即効性という点では, わが社は他社に劣っている。

In (　　　) of efficiency, my company is inferior to others.

[　ア　terms　　イ　spite　　ウ　favor　　エ　addition　]

1 日本文に合うように，与えられた文字から始まる語を（　　　）に入れなさい。

(1) 天気予報によれば，もっと雨が降るようだ。

（A　　　　　）（t　　　　　　　） the weather forecast, there'll be more rain.

(2) 彼は優しいというよりむしろ親切だ。

He is kind（r　　　　　　）（t　　　　　　） gentle.

(3) あなたがそうすることを許すわけにはいきません。

I can't（a　　　　　） you（t　　　　　） do that.

(4) 川はもはや昔のようにきれいではない。

The river is（n　　　　　）（l　　　　　　　） as clean as it used to be.

(5) 母親は赤ん坊を左胸に抱く傾向がある。

A mother（t　　　　　）（t　　　　　　） hold her baby on the left.

(6) 彼女はまるで行ったことがあるかのようにパリの話をする。

She talks about Paris（a　　　　）（i　　　　） she had been there.

(7) この本で財政問題のいくつかを扱っている。

This book（d　　　　　　）（w　　　　　） some financial problems.

(8) その話が彼の体験に基づいているという証拠はない。

There is no evidence that the story is（b　　　　　）（o　　　　　）

his own experience.

▼ ここで折り返して答え合わせ ▼

2 日本文に合うように, ( )内から適する語を選び, ○で囲みなさい。

(1) 彼女は私の秘密の計画に気づいている。

She is (afraid / aware) of my secret plan.

(2) これはだれのスーツケースですか。

Who does this suitcase (belong / refer) to?

(3) その急行列車は次第に速度を上げた。

The express train (picked / grew) up speed gradually.

(4) ロンドンに到着したら, できるだけ早くお電話をください。

Please call me as soon as (possible / available) when you arrive in London.

(5) 休暇中, 近所の人がうちのネコの世話をしてくれた。

While we were on holiday, a neighbor took (care / after) of our cat.

(6) 彼のことをアメリカ人だと思ったがイギリス人だった。

I thought he was an American, but he (came / turned) out to be an Englishman.

(7) 私はここで彼と会うはずだった。

I was (supposed / confined) to meet him here.

▼ ここで折り返して答え合わせ ▼

1 (1) According to (2) rather than (3) allow, to (4) no longer (5) tends to (6) as if
(7) deals with (8) based on

社会・習慣

1

下線の語の意味として適するものを下から選び、記号で答えなさい。

(1) I have a <u>habit</u> of exercising before work. （　　）

(2) My daughter told me about the current <u>trend</u>. （　　）

(3) There are many educational <u>institutions</u> in Japan. （　　）

(4) It's important to hear the voices of <u>citizens</u>. （　　）

(5) The Internet is essential in our <u>society</u>. （　　）

(6) Would you tell me one of your <u>secrets</u>? （　　）

ア　施設	イ　風潮	ウ　国民
エ　習慣	オ　社会	カ　秘密

2

日本文に合うように、（　　）に適する語を次ページから選んで入れなさい。必要ならば適する形に変えること。

(1) その子どもは親の前でだけ元気にふるまう。

The child （　　　　　　） cheerfully only in front of his parents.

(2) 彼女はその伝説を信じたい気になった。

She was （　　　　　　） to believe the legend.

(3) 彼女は風邪を引きやすい。

She is （　　　　　　） to catch a cold.

▼ ここで折り返して答え合わせ ▼

(4) 私は自分の成功を自慢したことがない。

I have never (   ) of my success.

(5) 私は彼に信頼されていないと感じる。

I feel like he doesn't (   ) me.

[trust   behave   incline   boast   liable]

3 日本語に適する語を下から選び, 記号で答えなさい。

(1) 威厳 (   )   (2) 名誉, 栄光 (   )

(3) 信用 (   )   (4) 誇り (   )

(5) 恥 (   )

[ア credit   イ shame   ウ dignity
   エ glory   オ pride]

4 日本文に合うように, 与えられた文字から始まる語を(   )に入れなさい。

(1) 努力は絶対に裏切らない。

Your efforts will never (b   ) you.

(2) 彼は自分の個人としての価値に自信を持っている。

He is (c   ) of his personal worth.

← 2 (2) incline には「傾ける」, 「〜したい気にさせる」の意味がある。

1 (1) エ (2) イ (3) ア (4) オ (5) イ (6) ウ   2 (1) behaves (2) inclined (3) liable

解答

1 日本語に適する語を下から選び, 記号で答えなさい。

(1) 宇宙空間 (　　) 　(2) 土壌 (　　)

(3) 惑星 (　　) 　(4) 地平線 (　　)

(5) 重力 (　　) 　(6) 洪水 (　　)

(7) 環境 (　　) 　(8) 気温 (　　)

> ア　soil　イ　horizon　ウ　flood　エ　temperature
> オ　gravity　カ　space　キ　environment　ク　planet

2 下線の語の意味として適するものを下から選び, 記号で答えなさい。

(1) Pollution of the atmosphere has a negative impact. (　　)

(2) Mt. Fuji is known as a volcano. (　　)

(3) They couldn't leave the cave for several days. (　　)

(4) There is a lot of moisture in the air today. (　　)

(5) The forest is the brown bear's habitat. (　　)

(6) The aurora is a very rare phenomenon. (　　)

> ア　洞穴　イ　汚染　ウ　生息地
> エ　火山　オ　湿気　カ　現象

▼ ここで折り返して答え合わせ ▼

3 日本文に合うように,( )内から適する語を選び,〇で囲みなさい。

(1) 嵐のせいで電車が止まった。

The train stopped because of the (storm / drought).

(2) 海岸沿いを車で走ると気持ちがよい。

It feels great to drive along the (coast / wave).

(3) アジア大陸には多くの国がある。

The Asian (landscape / continent) has a lot of countries.

4 日本文に合うように,与えられた文字から始まる語を( )に入れなさい。

(1) 燃料がなくなったので,再補給する必要がある。

We've run out of (f), so we need to resupply it.

(2) 彼だけがその飛行機の墜落事故で生き残った。

He was the only person to survive the plane (c).

(3) 問題は野生の猿が畑を荒らすことだ。

The problem is that (w) monkeys destroy the fields.

(4) 日本は島国の1つである。

Japan is one of the (i) countries.

▼ ここで折り返して答え合わせ ▼

1 下線の語の意味として適するものを下から選び,記号で答えなさい。

(1) I have learned how to dye <u>fabric</u>. 　　　　　　　　　（　　　）

(2) That <u>mine</u> has shut down during the winter. 　　　　　（　　　）

(3) This year's rice <u>harvest</u> was small. 　　　　　　　　　（　　　）

(4) The country has <u>trade</u> connections with Australia. 　　（　　　）

(5) <u>Capital</u> is essential to start a business. 　　　　　　　　（　　　）

(6) Children suffer from <u>poverty</u> in some countries. 　　　　（　　　）

(7) The <u>purchase</u> of a house should be done carefully. 　　（　　　）

(8) The admission <u>fee</u> to the zoo has increased. 　　　　　（　　　）

ア　貿易	イ　購入	ウ　織物	エ　貧困
オ　資金	カ　鉱山	キ　収穫	ク　料金

2 日本文に合うように,（　　　）に適する語を次ページから選んで入れなさい。**必要ならば適する形に変えること**。

(1) このコンピュータはちゃんと動く。

This computer (　　　　　　　) properly.

(2) いくつかの大企業がその研究に金を投資した。

A few large companies (　　　　　　　) money in the research.

▼ ここで折り返して答え合わせ ▼

(3) その考えが彼を意気消沈させた。

The thought ( ) him so much.

(4) 彼は多額のお金をギャンブルに使う。

He ( ) a lot of money on gambling.

(5) 私は貴重な時間を無駄にしたことを後悔している。

I regret ( ) my precious time.

(6) 日本では年間何台の車が生産されていますか。

How many cars are ( ) in Japan each year?

(7) 彼女は冷蔵庫の値下げ交渉をした。

She ( ) a lower price for the refrigerator.

produce	spend	run	waste
invest	depress	negotiate	

3 日本語に適する英語を書きなさい。与えられた文字から書き始めること。

(1) 植物　　　　(p　　　　)　　(2) 産業, 工業　(i　　　　)

(3) 経済　　　　(e　　　　)　　(4) 農場　　　　(f　　　　)

(5) 作物　　　　(c　　　　)　　(6) 種子　　　　(s　　　　)

(7) 依頼人, 顧客 (c　　　　)　　(8) 農業　　　　(a　　　　)

1 日本文に合うように, (　　) に適する語を下から選んで入れなさい。必要ならば適する形に変えること。

(1) この薬はあなたに効くでしょう。

This medicine will (　　　　　) you good.

(2) 彼は退職して年金だけで暮らす余裕がある。

He can (　　　　　) to retire and live only on his pension.

(3) それは奇妙に聞こえるかもしれないが, 本当です。

It may (　　　　　) strange, but it is true.

(4) これはとても役に立つ。

This is of great (　　　　　).

(5) 彼はたいへん困窮している。

He is in great (　　　　　).

[　sound　do　afford　use　need　]

2 下線の語の意味として適するものを次ページから選び, 記号で答えなさい。

(1) Her speech was <u>appropriate</u> for the occasion.　(　　)

(2) An <u>efficient</u> machine was recently introduced.　(　　)

(3) This system is <u>available</u> only to members.　(　　)

(4) Use this dictionary, if <u>necessary</u>.　(　　)

▼ ここで折り返して答え合わせ ▼

(5) Is next Sunday <u>convenient</u> for you? （　　　）

> ［ ア　必要な　イ　効率的な　ウ　利用できる
> エ　都合のよい　オ　ふさわしい ］

3 日本文に合うように，（　　　）内から適する語を選び，○で囲みなさい。

(1) 彼は才能のある人です。

He is a man of (talent / fault).

(2) 彼女のダンスの腕前は有名です。

Her (effect / skill) in dancing is well-known.

(3) その先生は生徒に対して大きな影響力を持っている。

The teacher has a great (facility / influence) on his pupils.

(4) その白い服は彼女に似合っている。

That white dress (suits / fits) her.

4 日本語に適する語を下から選び，記号で答えなさい。

(1) 収容力, 容積　（　　　）　(2) 機能　　　　　（　　　）

(3) 天才　　　　（　　　）　(4) 代用品　　　　（　　　）

［ ア　genius　イ　function　ウ　capacity　エ　substitute ］

1 日本語に適する英語を書きなさい。与えられた文字から書き始めること。

(1) 法律 (l)   (2) 植民地 (c)

(3) 義務 (d)   (4) 権威, 権限 (a)

2 次の各組の2文が同じ意味になるように, ( ) に入る語を下から選び, 書きなさい。**必要ならば適する形に変えること**。

(1) ┌ We must follow the regulations of the country.
   └ We must follow the ( ) of the country.

(2) ┌ I think your opinion is correct.
   └ I think your opinion is ( ).

(3) ┌ He will command you to go to the government office.
   └ He will ( ) you to go to the government office.

(4) ┌ I handed in my essay yesterday.
   └ I ( ) my essay yesterday.

[right   rule   order   submit]

▼ ここで折り返して答え合わせ ▼

3 日本文に合うように，与えられた文字から始まる語を（　　　）に入れなさい。

(1) 最近，ガソリン税が値上がりしている。

Gasoline (t　　　　　　　) has recently increased.

(2) 彼は大学で国際政治学について学んでいる。

He is studying international (p　　　　　　　) at university.

(3) この川では水泳が禁止されている。

Swimming is (b　　　　　　　) in this river.

(4) 平均犯罪率は去年より10％減少した。

The average (c　　　　　　　) rate has decreased by 10% since last year.

4 日本文に合うように，（　　　　）内から最も適する語を選び，〇で囲みなさい。

(1) 民主主義の考え方を理解することは大切です。

It is important to understand the concept of (treaty / democracy / republic).

(2) 私は自分の市の選挙に投票します。

I will (vote / refuse / press) in the election in my city.

(3) その政策を転換するべきだ。

We should change the (policy / research / prison).

▼ ここで折り返して答え合わせ ▼

3 (2) right は名詞で「権利」，「右」，など意味がある。

1 (1) law (2) colony (3) duty (4) authority　2 (1) rules (2) right (3) order (4) submitted

1 日本語に適する英語を書きなさい。与えられた文字から書き始めること。

(1) 疑う　　　(d　　　　) (2) 損害, 被害　(d　　　　)

(3) 悩ます　　(b　　　　) (4) 混乱させる　(c　　　　)

(5) 挑戦, 決闘　(c　　　　) (6) さえぎる　　(i　　　　)

2 日本文に合うように, (　　　　)内から適する語を選び, ○で囲みなさい。

(1) 今週は3日連続で激しく雨が降った。

It rained heavily for three (successful / successive) days this week.

(2) 私は彼が成功すると確信している。

I'm sure that he will (succeed / success).

3 日本文に合うように, 与えられた文字から始まる語を(　　　　)に入れなさい。

(1) 歯医者は悪い歯を治療する。

Dentists (t　　　　) bad teeth.

(2) この問題を解けますか。

Can you (s　　　　) this problem?

▼ ここで折り返して答え合わせ ▼

(3) 彼女は彼と一緒にコンサートへ行くことをためらった。

She (h   ) to go to the concert with him.

(4) 彼は困っている人の力になりたいと思っている。

He wants to help people who are in (t   ).

(5) 電車の事故により, 私は会議に参加できなかった。

A train accident (p   ) me from attending the meeting.

(6) 欠席する場合は必ず担任の先生にお知らせください。

Do not (f   ) to let your homeroom teacher know if you are absent.

(7) その国は水不足に苦しんでいる。

The country is (s   ) from a water shortage.

4 日本文に合うように, 与えられた文字から始まる語を(   )に入れなさい。

豊臣秀吉は日本の武将です。彼は明智光秀を負かし, 勝利を獲得しました。その後, 彼の一族は徳川家康に敗れ, 滅びました。

Toyotomi Hideyoshi was a Japanese military commander. He

(1)(b   ) Akechi Mitsuhide and got the (2)(v   ). After that, his clan was (3)(d   ) by Tokugawa Ieyasu and perished.

▼ ここで折り返して答え合わせ ▼

解答

1 (1) doubt (2) damage (3) bother (4) confuse (5) challenge (6) interrupt

2 (1) successive (2) succeed   3 (1) treat (2) solve

DAY 14　接続詞

	月　　日
正解数	
	問／14問中

1 日本文に合うように,（　　　　）内から適する語を選び,〇で囲みなさい。

(1) もっと速く歩かないと,電車に乗り遅れる。

You will miss the train (unless / until) you walk more quickly.

(2) 彼はとても金持ちなので,毎年車を買いかえられる。

He's very rich, and (besides / therefore) he can buy a new car every year.

(3) 私はとても寂しい,というのも娘が遠方に引っ越したからです。

I feel very lonely, (for / so) my daughter moved far away.

2 日本文に合うように,（　　　）に適する語(句)を次ページから選び,記号で答えなさい。文頭にくる文字も小文字になっています。

(1) 急ぎなさい,そうすれば間に合う。

Hurry up, (　　　) you'll be on time.

(2) 早く起きなさい,さもなければ遅刻する。

Wake up early, (　　　) you'll be late.

(3) 私は駅に着いたとき,両親に会いました。

(　　　) I arrived at the station, I met my parents.

(4) 次に会うときに,本を持ってきます。

(　　　) we meet, I'll bring the book.

▼ ここで折り返して答え合わせ ▼

解答

2 (5) エ (6) オ　3 (1) オ (7) キ　2 Even though (3) for fear

(4) no sooner

(5) いったん始まると，すぐに終わるでしょう。

(　　　　) it starts, it will end quickly.

(6) 雨が降った場合に備えて，傘を持っていくべきです。

(　　　　) it rains, you should bring an umbrella.

(7) もしあなたがそれを当日までに見つけられなかったら？

(　　　　) you couldn't find it by the day?

> ア　or　　イ　and　　ウ　next time　　エ　once
> オ　in case　　カ　as　　キ　suppose

3 **日本文に合うように，与えられた文字から始まる語を(　　　)に入れなさい。**

(1) 人が何を言おうとも，私はあなたを信じます。

(N　　　　) (m　　　　) what people say, I believe in you.

(2) 週末にもかかわらず，彼らは一生懸命働いている。

(E　　　　) (t　　　　) it is the weekend, they are working hard.

(3) 彼は失敗しないように，彼女に助けを求めた。

He asked her for help (f　　　　) (f　　　　) that he should fail.

(4) 私が到着するやいなや，映画が始まった。

I had (n　　　　) (s　　　　) arrived than the movie started.

1 **日本文に合うように, 与えられた文字から始まる語を( )に入れなさい。**

(1) あなたは彼の警告に注意を払うべきだ。

You should (p) (a) to his warnings.

(2) ハリーは何とかその川を泳ぎ切った。

Harry (m) to swim across the river.

(3) 演説が進むにつれて, 私はますます退屈になった。

I got (m) (a) (m) bored as the speech went on.

(4) 私は彼のために誤りを指摘した。

I (p) (o) his mistake for him.

(5) 父親が引退したあと, ヘンリーがその仕事を引き継いだ。

Henry (t) (o) the business when his father retired.

(6) そんなわけで白鳥はもうこの湖から姿を消した。

(T) (i) (w) the swans have left this lake.

(7) 我々はこれらの問題を全体としてとらえなければならない。

We must consider these matters (a) a (w).

(8) 彼はこの研究に10年近く従事している。

He has been (e) (i) this study for nearly ten years.

▼ ここで折り返して答え合わせ ▼

2 日本文に合うように, ( )内から適する語を選び, ◯で囲みなさい。

(1) 音楽会は今度の日曜日に催される。

The concert will take (spot / place) next Sunday.

(2) 外国の書籍を販売している店がいくつかある。

There are (a / the) number of shops selling foreign books.

(3) 親は子どもの行為に対して責任がある。

Parents are (responsible / proud) for their childen's behavior.

3 日本文に合うように, ( )に適する語を下から選び, 記号で答えなさい。

(1) そのプロジェクトはいつ実行されますか。

When will the project be put ( ) practice?

(2) 会合は今度の金曜日まで延期になった。

The meeting has been put ( ) until next Friday.

(3) 彼女は明かりを消して寝た。

She put ( ) the light and went to sleep.

(4) 軍は反乱を鎮圧した。

The army put ( ) the rebellion.

[ア into イ down ウ out エ off]

▼ ここで折り返して答え合わせ ▼

1 下線の語の意味として適するものを下から選び，記号で答えなさい。

(1) All of the students were impressed by her lecture.　（　　）

(2) The professor said, "Read more newspapers."　（　　）

(3) Our education system is being reformed now.　（　　）

(4) The principal is calling you.　（　　）

(5) We have a test at the end of the term.　（　　）

［ ア　校長　　イ　教授　　ウ　学期　　エ　講義　　オ　教育 ］

2 日本文に合うように，与えられた文字から始まる語を（　　）に入れなさい。

(1) 私は農業大学に入学した。

I entered an agricultural (c　　　　　　).

(2) 明日，生徒たちに歴史の試験をする。

I'll (e　　　　　　) the students in history.

(3) 私は英語で優秀な成績を取った。

I got an excellent (g　　　　　　) in English.

(4) あなたは実験の仕方を学びましたか。

Did you (l　　　　　　) how to do the experiment?

▼ ここで折り返して答え合わせ ▼

3 日本文に合うように，(　　　　)に適する語を下から選んで入れなさい。**必要ならば適する形に変えること。**

(1) He was (　　　　　　) at an American high school.

(彼はアメリカの高校で教育を受けた。)

(2) Did the (　　　　　　) go well?　　(試験はうまくいきましたか。)

(3) I would like to borrow a book about (　　　　　　).

(化学についての本を借りたいのですが。)

(4) (　　　　　　) this by the end of the day.

(今日中にこれを復習しておくこと。)

⌈　review　　educate　　chemistry　　exam　⌉

4 (　　　　　　)に適する語を下から選んで入れなさい。

(1) A：Who is that lady?

B：Let me (　　　　　　) my wife.

(2) A：What is your sister doing these days?

B：My sister will (　　　　　　) from university this spring.

(3) A：You like coffee, right?

B：Yes. It is my (　　　　　　) to drink coffee every morning.

⌈　introduce　　practice　　graduate　⌉

▼ ここで折り返して答え合わせ ▼

※ 2 (4) learnは「学んで習得する」ことを指す。

4 (1) introduce (2) graduate (3) practice

3 (1) educated (2) exam (3) chemistry (4) Review

2 (1) エ (2) イ (3) ア (4) ア (5) ウ　1 (1) college (2) examine (3) grade (4) learn

1 **日本語に適する英語を書きなさい。与えられた文字から書き始める
こと。**

(1) 態度, 姿勢 (a　　　　　　)　(2) 記憶, 思い出 (m　　　　　　)

(3) 考え, 意見 (i　　　　　　)　(4) 意見, 評価　(o　　　　　　)

2 **日本文に合うように,与えられた文字から始まる語を(　　　　)に入
れなさい。**

(1) 私は今日すべきことがたくさんあることを思い出した。

I (r　　　　　　) that I had a lot of things to do today.

(2) 私は彼を才能がある作家だと見なしています。

I (c　　　　　　) him a talented writer.

(3) 私は昨日お皿を割ったのはトムではないかと疑っている。

I (s　　　　　　) that it was Tom who broke the plate yesterday.

(4) あなたが昨日どこへ行ったか推測してみます。

I'll try to (g　　　　　　) where you went yesterday.

(5) 以前彼に会ったことがあるので, 彼だとわかった。

Having seen him before, I (r　　　　　　) him.

(6) この建物は平和の象徴だ。

This building is a (s　　　　　　) of peace.

▼ ここで折り返して答え合わせ ▼

3 日本文に合うように,( )に適する語を下から選んで入れなさい。**必要ならば適する形に変えること**。

(1) Don't ( ) by one's appearance. (人を見かけで判断するな。)

(2) They started a ( ) against it.

(彼らはそれに反対する運動を開始した。)

(3) I ( ) that we start early. (私は早く出発しようと提案した。)

(4) He ( ) the new prime minister.

(彼は新総理大臣を発表した。)

(5) He ( ) to attend the meeting.

(彼は会議に参加するつもりだ。)

(6) I sometimes ( ) to him. (私は時々彼に不平を言う。)

[campaign complain judge suggest intend announce]

4 日本文に合うように,( )内から最も適する語を選び,○で囲みなさい。

(1) 彼は進んで教室の掃除をする。

He is (worth / willing / doubtful) to clean the classroom.

(2) 彼女は私に日本に留まるよう説得した。

She (persuaded / advised / decided) me to stay in Japan.

(3) 私はあなたにこの布をお勧めする。

I (admit / recommend / suppose) you this cloth.

(4) ここでの喫煙は許されていない。

Smoking is not (displayed / brave / permitted) here.

▼ ここで折り返して答え合わせ ▼

1 日本文に合うように，(　　　)に適する語を下から選び，記号で答えなさい。

(1) 彼は家族を支えるために一生懸命働いている。

He is working hard to (　　　) his family.

(2) 私はこのルールに反対です。

I (　　　) to this rule.

(3) そのコップは5ドルです。

I will (　　　) you five dollars for the cup.

[ア　charge　イ　support　ウ　object]

2 日本文に合うように，与えられた文字から始まる語を(　　　)に入れなさい。

(1) ほしいと思うカバンを選びなさい。

(S　　　　　　) the bag you want.

(2) 彼は彼女に会ったことを否定しました。

He (d　　　　　) that he had met her.

(3) お願いがあるのですが。

Will you do me a (f　　　　　)?

(4) 彼女は事故を私のせいにしました。

She (b　　　　　) me for the accident.

▼ ここで折り返して答え合わせ ▼

3 次の各組の2文が同じ意味になるように，（　　　）内から適する語を選び，〇で囲みなさい。

(1) ⌐ This book is of great value to read.
  └ This book is well (fair / worth) reading.

(2) ⌐ Parking is not permitted in this area.
  └ Parking is not (allowed / opposed) in this area.

(3) ⌐ Thank you for picking up my wallet at the station this morning.
  └ I (protest / appreciate) that you picked up my wallet at the station this morning.

(4) ⌐ I approve your offer for the regulation amendment.
  └ I (accept / reject) your offer for the regulation amendment.

(5) ⌐ I admire you because you have the courage to help other people who need assistance.
  └ I (refuse / praise) you for your courage in helping other people who need assistance.

▼ ここで折り返して答え合わせ ▼

1 下線の語の意味として適するものを下から選び,記号で答えなさい。

(1) This is a <u>rare</u> book. （　　　）

(2) We need to find a <u>fundamental</u> solution. （　　　）

(3) This is a <u>crucial</u> incident. （　　　）

(4) Decide on a <u>common</u> theme for you. （　　　）

[　ア　共通の　　イ　重大な　　ウ　まれな　　エ　根本的な　]

2 日本文に合うように,与えられた文字から始まる語を（　　　）に入れなさい。

(1) 彼は毎日靴を丁寧にみがいている。

He carefully (p　　　　　　) his shoes every day.

(2) ロックは長年若者の心に訴えかける音楽として人気だ。

Rock has long been popular as music that (a　　　　　) to the hearts of young people.

(3) 科学は注意深い観察に基づいている。

Science is (b　　　　　　) on careful observation.

(4) 部屋の壁にごく小さい穴が開いている。

There is a (t　　　　　) hole in the wall of the room.

▼ ここで折り返して答え合わせ ▼

(5)　彼が来ても来なくても, 私にはどうでもいいことだ。

It does not (m　　　　) to me whether he comes or not.

(6)　これは解決に時間がかかる複雑な問題だ。

This is a (c　　　　) problem that will take time to solve.

(7)　その国の王室は, 結婚する際に多くのしきたりを守らなければ
いけない。

The (r　　　　) family of the country must follow many
customs when getting married.

(8)　これらの文献は私たちにとってとても貴重なものだ。

These documents are very (p　　　　) to us.

3 **日本文に合うように, (　　　　)に適する語を入れて英文を完成しな
さい。**

　現在, 日本には200以上の伝統工芸品が存在します。その品質の高
さと美しさは国内外で人気があります。

In Japan, there are over 200 traditional crafts now. Their high

(1)(　　　　) and (2)(　　　　) are popular in Japan and overseas.

▼ ここで折り返して答え合わせ ▼

1 (4) common は「共通の」の他に,「一般の」,「普通の」,「などの意味がある。 2 (1) polishes (2) appeals (3) based (4) tiny
(1) ウ (2) エ (3) イ (4) ア 2 (1) polishes (2) appeals (3) based (4) tiny

DAY 20 言語・伝達・情報

1 日本語に適する英語を書きなさい。与えられた文字から書き始めること。

(1) 語い　　　　(v　　　　　　)　(2) 標識　　　(s　　　　　　　)

(3) 文字　　　　(l　　　　　　)　(4) 筆者　　　(a　　　　　　　)

(5) 説明する　(e　　　　　　)　(6) ささやく　(w　　　　　　　)

2 日本文に合うように，与えられた文字から始まる語を(　　　　)に入れなさい。

(1) 私は英文を日本語に翻訳する。

I (t　　　　　　　　) English sentences into Japanese.

(2) この論文はこれらの本を参照した。

I (r　　　　　　　　) to these books when writing this thesis.

(3) 先月出版された彼の本はよく売れている。

His book (p　　　　　　　　) last month is selling well.

(4) 私は母に帰宅したことを知らせた。

I (i　　　　　　　　) my mother that I had come home.

(5) 私はクラスメートとその問題を討論した。

I (d　　　　　　　　) the problem with my classmates.

▼ ここで折り返して答え合わせ ▼

3 日本文に合うように，（　　　）内から最も適する語を選び，○で囲みなさい。

(1) 昨日の新聞に載っていた選挙についての記事を読みましたか。

Have you read the (dialect / article / state) about the election in yesterday's newspaper?

(2) 私は応答する前に少し間をおいた。

I paused for a moment before I (apologized / registered / responded).

(3) 科学者は生態系に及ぼす危険性を警告しています。

Scientists (warn / excuse / reply) of danger to the ecosystem.

4 日本文に合うように，（　　　）に適する語を入れなさい。

　私は毎日, 英単語とそのつづりを勉強しています。今, あなたと文通することができて, とてもうれしいです。英語でもっと自分のことを表現できるよう, これからも勉強を続けます。

　　　　　　　　　　　　　　　　＊文通する＝通じ合う, 通信する

I study English words and their (1)(　　　　　　) every day. I'm very happy to be able to (2)(　　　　　　) with you now. I will continue to study so that I can (3)(　　　　　　) myself better in English.

解答

2 (1) translate (2) referred (3) published (4) informed (5) discussed

1 (1) vocabulary (2) sign (3) letter (4) author (5) explain (6) whisper

1 下線の語の意味として適するものを下から選び,記号で答えなさい。

(1) Let me introduce a specialist in geology. （　　）

(2) I will learn about geography at university. （　　）

(3) The scholar proposed a hypothesis. （　　）

(4) There are some questions about his logic. （　　）

(5) I'll make a survey of this land. （　　）

> ア　論理　　イ　地質学　　ウ　地理学
> エ　調査　　オ　学者

2 日本文に合うように,与えられた文字から始まる語を（　　　）に入れなさい。

(1) 彼は私に真意を明かした。

He (r　　　　　　　) his real intention to me.

(2) 何かよいことが起こりそうだ。

Something good is (l　　　　　　　) to happen.

(3) 彼女が怒るのも無理がない。

She has good (r　　　　　　　) to get angry.

(4) 私はこの実験が成功することを祈っています。

I hope this (e　　　　　　　) will be successful.

▼ ここで折り返して答え合わせ ▼

3 日本文に合うように, ( )内から最も適する語を選び, 〇で囲みなさい。

(1) 人をもっと注意深く観察すれば, 面白い発見があるかもしれない。

If you (observe / recognize / improve) people more carefully, you may make interesting discoveries.

(2) この海の生態系を研究することは非常に重要なことです。

Doing (reserve / research / recover) on this ocean ecosystem is very important.

(3) 幸せを定義するのはむずかしい。

Happiness is difficult to (investigate / define / announce).

4 日本文に合うように, 与えられた文字から始まる語を( )に入れなさい。

理論と実践が必ず一致するとは限りません。それを証明しましょう。

(1)(T) and practice do not always go together. I'll

(2)(p) it to you.

▼ ここで折り返して答え合わせ ▼

● 2(2) be likely to do で「〜しそうである」という意味。

4(1) **T**heory (2) **p**rove it to you.

2 (1) revealed (2) likely (3) reason (4) experiment

1 (1) イ (2) ウ (3) オ (4) ア (5) エ

DAY 22　前置詞

1 日本文に合うように,（　　　）にあてはまる前置詞を入れなさい。

(1) この歌は若者の間で人気がある。

This song is popular（　　　　　）young people.

(2) 私は10分以内に戻ります。

I will come back（　　　　　）10 minutes.

(3) 私は帽子をかぶったまま部屋に入った。

I entered the room（　　　　　）my hat on.

(4) 驚いたことに, 彼女はピアノがとても上手だった。

（　　　　　　）my surprise, she played the piano very well.

(5) コーヒーでも飲みながら話しましょう。

Let's talk（　　　　　）a cup of coffee.

(6) 彼以外みんな英語を話すことができます。

Everyone（　　　　　）him can speak English.

2 日本文に合うように,（　　　）内から最も適する語を選び,○で囲みなさい。

(1) ワインはブドウから作られています。

Wine is made（ of / from / with ）grapes.

▼ ここで折り返して答え合わせ ▼

(2) この本を金曜日まで借りていていいですか。

May I borrow this book (until / during / by) Friday?

(3) 私はこの政策に反対です。

I am (against / for / below) this policy.

(4) コンサートは7月3日に市民ホールで行われる。

The concert will be held (at / in / on) July 3rd at the City Hall.

(5) この道路は現在工事中です。

This road is (through / during / under) construction now.

3 次の各組の２文が同じ意味になるように, (　　　　)内から適する語を選び, ○で囲みなさい。

(1) ┌ Although it was rainy, I went for a walk.

　　└ (Despite / Besides) the rain, I went for a walk.

(2) ┌ This book is helpful when you go abroad.

　　└ This book is (with / of) help when you go abroad.

(3) ┌ It is very important to provide safe school lunches for students.

　　└ It is very important to provide students (beyond / with) safe school lunches.

1 日本文に合うように，与えられた文字から始まる語を（　　　）に入れなさい。

(1) 未来のために木を植えましょう。

Let's plant trees for the (s　　　　) (o　　　　) the future.

(2) 彼女と私には多くの共通点がある。

She and I have a lot (i　　　　) (c　　　　).

(3) 彼は私の忠告を永久に心に留めておくと約束した。

He promised to (k　　　) my advice (i　　　) (m　　　) forever.

(4) 彼らは非常に多くの経験を積んできた。

They have had a (g　　　　) (d　　　　) of experiences.

(5) 私はたった5ドルしか持っていない。

I have (n　　　　) (m　　　　) than five dollars.

(6) 全ての問題を人のせいにするのはよくない。

It's not good to (b　　　　) others (f　　　　) all the problems.

(7) ドライバーはガス欠にならないように注意する必要がある。

Drivers must be careful not to (r　　　　) (o　　　　) of gas.

(8) 私は彼らをとても誇りに思う。

I'm very (p　　　　) (o　　　　) them.

2 日本文に合うように, (   )内から適する語を選び, 〇で囲みなさい。

(1) 私には会社で専心しなくてはならない大事な仕事がある。

I have important business to (attend / apply) to in my office.

(2) 他人と自分を比較することは誤りです。

It's wrong to (compare / concentrate) yourself with others.

(3) その小説は多くの言語に翻訳されている。

The novel has been translated (into / in) many languages.

3 日本文に合うように, (   )に適する語を下から選び, 記号で答えなさい。

(1) 彼らは上空でパニックに陥った。

They got (   ) a panic in the air.

(2) 彼は妻の死を乗り越えることはできないだろう。

I don't think he will ever get (   ) the loss of his wife.

(3) 政府は公害をなくそうと努めている。

The government is trying to get rid (   ) pollution.

(4) あなたは暗くならないうちに目的地に着けるだろう。

You'll get (   ) your destination before dark.

[ア into イ to ウ of エ over]

▼ ここで折り返して答え合わせ ▼

2 (1) sake of (2) in common (3) keep, in mind (4) great deal (5) no more
(6) blame, for (7) run out (8) proud of

1 下線の語の意味として適するものを下から選び,記号で答えなさい。

(1) I knew her <u>inner</u> thoughts. (　　)

(2) We have a <u>local</u> newspaper in our city. (　　)

(3) I live in a <u>suburban</u> area of Tokyo. (　　)

(4) My house is <u>close</u> to the station. (　　)

[ア　内面的な　　イ　近い　　ウ　地元の　　エ　郊外の]

2 日本文に合うように,与えられた文字から始まる語を(　　)に入れなさい。

(1) わが家は公園に面している。

My house (f　　　　　　) the park.

(2) あなたは幽霊が存在すると信じていますか。

Do you believe that ghosts (e　　　　　　)?

(3) それはむずかしい状況だと思います。

I think it's a difficult (s　　　　　　).

(4) 彼は列車ではなく車で来た。

He came by car (i　　　　　　) of by train.

(5) 岩の後ろから1匹の蛇が現れた。

A snake (a　　　　　　) from behind the rock.

▼ ここで折り返して答え合わせ ▼

3 日本語に適する英語を書きなさい。与えられた文字から書き始めること。

(1) 地方, 地域 　(r　　　　　　　)　(2) 不足 　　　(l　　　　　　　)

(3) 分野, 競技場 (f　　　　　　　)　(4) 状態, 状況 (c　　　　　　　)

(5) 探検する 　(e　　　　　　　)　(6) ～を逃す (m　　　　　　　)

4 日本文に合うように, (　　　　　)内から最も適する語を選び, ○で囲みなさい。

(1) その町の人たちはみな彼を尊敬している。

Everyone in the town (respects / hides / locates) him.

(2) これはお互いを知るよい機会です。

This is a good (opportunity / stage / scene) to get to know each other.

(3) 私はとても疲れていたので, ベッドに横になった。

I was so tired that I (laid / lie / lay) down on the bed.

(4) その標識は進む方向を示している。

The sign (ignores / indicates / inspires) the way to go.

(5) 建物の外壁は木でできています。

The (external / internal / eternal) wall of the building is made of wood.

▼ ここで折り返して答え合わせ ▼

1 日本文に合うように，与えられた文字から始まる語を（　　　）に入れなさい。

(1) その村は観光産業に依存している。

The village (d　　　　　) on the tourist industry.

(2) それは優先的に処理しなければいけない問題だ。

It is an issue that we must (d　　　　　) with as a priority.

(3) ホースを蛇口につないでください。

Please (c　　　　　) the hose with the faucet.

2 日本文に合うように，（　　　）に適する語を下から選んで入れなさい。必要ならば適する形に変えること。

(1) 少女は彼に向かって深くお辞儀をした。

The girl (　　　　　) deeply to him.

(2) 国の法律には従わなければなりません。

You must (　　　　　) the laws of the country.

(3) 私たちは赤色というと情熱や暑さを連想します。

We (　　　　　) the color red with passion or heat.

[　bow　　nod　　obey　　associate　　resist　]

▼ ここで折り返して答え合わせ ▼

解答

1 (1) depend (2) relate (3) neighbor (4) concerned **2** (1) belong (2) stranger (3) independent of

※ (2) stranger to 〜で「〜にとって見知らぬ人」という意味。

3 日本文に合うように，与えられた文字から始まる語を（　　　）に入れなさい。

(1) 彼は私に対して礼儀正しかった。

He was (p　　　　　　) to me.

(2) がんをウイルスと関連づける科学者もいる。

Some scientists (r　　　　　　) cancer to viruses.

(3) 田中さんは近所づきあいのよい人で有名である。

Mr. Tanaka is famous as a good (n　　　　　　).

(4) 彼女は息子の健康を心配している。

She is (c　　　　　　) about her son's health.

4 次の各組の2文が同じ意味になるように，（　　　）内から適する語を選び，○で囲みなさい。

(1) ┌ I'm a member of a music club.
└ I (subject / belong) to a music club.

(2) ┌ I don't know about her, so please tell me.
└ I am a (stranger / settler) to her, so please tell me.

(3) ┌ She is away from her parents and lives alone.
└ She is (independent of / rely on) her parents and lives alone.

▼ ここで折り返して答え合わせ ▼

1 日本語に適する英語を書きなさい。与えられた文字から書き始めること。

(1) 科学技術　　　（t　　　　　）
(2) 電気の　　　　（e　　　　　）
(3) 進行, 進歩　　（p　　　　　）
(4) 科学, 自然科学（s　　　　　）
(5) 〜を準備する（p　　　　　）
(6) 〜を設計する（d　　　　　）

2 日本文に合うように, 与えられた文字から始まる語を（　　　）に入れなさい。

(1) 彼の著書に刺激され, 私は新しい事業を始めた。

His book (i　　　　　　) me to start a new business.

(2) その芸術家はいつも革新的な作品を創作する。

The artist always (c　　　　　　) innovative works of art.

(3) 自転車を修理してもらわないといけない。

I must have my bike (r　　　　　).

(4) わが国は徐々に経済的に発展してきている。

Our country is gradually (d　　　　　　) economically.

(5) 彼は新たなプロジェクトを設立した。

He (f　　　　　　) a new project.

解答 ● 3 (3) achieveの名詞形はachievement。

3 (1) accomplish　(2) realize　4 (1) established　(2) delayed　(3) achieve

3 日本文に合うように,( )内から最も適する語を選び,〇で囲みなさい。

(1) 彼は目標を達成することができなかった。

He couldn't (ruin / recognize / accomplish) his goal.

(2) 大雪の影響で電車の到着時間が遅れた。

The train's arrival time was (discovered / delayed / delivered) because of the heavy snow.

(3) 彼は手をつけたことをやり遂げるだろう。

He will (achieve / protect / invent) what he set out to do.

4 日本文に合うように,与えられた文字から始まる語を( )に入れて,英文を完成しなさい。

(1) A : Tell me about this university.

B : This university was (e) in 1890.

(この大学は1890年に設立されました。)

(2) A : What is your future dream?

B : My future dream is to be a veterinarian and help many animals. To (r) my dream, I study hard every day.

(私の将来の夢は獣医になり,多くの動物を救うことです。夢を実現するために,私は毎日一生懸命勉強しています。)

▼ ここで折り返して答え合わせ ▼

1 日本語に適する英語を書きなさい。与えられた文字から書き始めること。

(1) 時代　　　　(e　　　　　　)
(2) 1年の, 毎年の (a　　　　　　)
(3) 現在の, 出席して (p　　　　　　)
(4) 目新しい, 小説 (n　　　　　　)

2 日本文に合うように, 与えられた文字から始まる語を(　　　　)に入れなさい。

(1) 物音を聞いた途端に私は建物の外に飛び出した。

The (m　　　　　　) I heard the sound, I ran out of the building.

(2) ここでの仕事の前は, 彼は販売員だった。

(P　　　　　　) to his employment here, he worked as a salesperson.

(3) 前首相は国民に愛されていた。

The (f　　　　　　) prime minister was loved by the people.

(4) 最近の出来事であなたが関心を持っているものは何ですか。

What (r　　　　　　) events interest you?

(5) ほんのちょっとの間に, 私はソファーの上で寝入りました。

For an (i　　　　　　), I fell asleep on the sofa.

(6) 私はただちに彼女に電話をかけ直した。

I called her back (i　　　　　　).

▼ ここで折り返して答え合わせ ▼

3 日本文に合うように，(　　　　)に適する語を下から選んで入れなさい。

(1) My (　　　　　　) job is a teacher.　（私の現在の仕事は教師です。）

(2) During the same (　　　　　　), they studied abroad in America.

（同じ期間，彼らはアメリカへ留学した。）

(3) More than half a (　　　　　) has passed.

（半世紀以上が経った。）

(4) I study (　　　　　) literature.

（私は古代の文学を研究しています。）

(5) Which (　　　　　) figure do you admire most?

（歴史上の人物で最も尊敬する人はだれですか。）

[　century　historical　current　ancient　period　]

4 日本文に合うように，(　　　　)内から最も適する語を選び，〇で囲みなさい。

(1) 古い慣習を見直す運動が高まっている。

There is a growing movement to reconsider old (conventions /

law / regulations).

(2) 最近いかがお過ごしですか。

How have you been (nowadays / lately / frequently)?

1 下線の語の意味として適するものを下から選び，記号で答えなさい。

(1) Request an advertising <u>agency</u> to do the work. （　　）

(2) French has its <u>origins</u> in Latin. （　　）

(3) Don't fail to indicate the <u>source</u>. （　　）

(4) What's important is the <u>process</u>. （　　）

(5) Please tell me the <u>consequences</u>. （　　）

> ア　結果　　　イ　過程　　　ウ　代理店
> エ　出典　　　オ　起源

2 日本文に合うように，与えられた文字から始まる語を（　　）に入れなさい。

(1) 私はまだ旅を続けるつもりです。

I'll (c　　　　　　　) this journey.

(2) 一連の不幸はなぜ起きたのだろうか。

Why did a (s　　　　　　　) of misfortunes happen?

(3) 病気はしばしば酒の飲みすぎの結果として生じる。

Illness often (r　　　　　　　) from drinking too much.

(4) 緊張で多くのミスをした。

My anxiety (l　　　　　　　) me to make many mistakes.

▼ ここで折り返して答え合わせ ▼

3 日本文に合うように，(　　　　)に適する語を下から選んで入れなさい。**必要ならば適する形に変えること。**

(1) The sun (　　　　　　) in the east.　　　　（太陽は東から昇る。）

(2) He (　　　　　　) a big flag.　　　　　（彼は大きな旗を掲げた。）

(3) The incident (　　　　　　) her into despair.

（その事件は彼女を絶望に追い込んだ。）

(4) His careless actions (　　　　　　) the accident.

（彼の不注意な行動が事故を引き起こした。）

(5) She (　　　　　) and started walking again.

（彼女は立ち止まり，また歩き出した。）

[drive　pause　cause　rise　raise]

4 日本文に合うように，(　　　　)内から最も適する語を選び，〇で囲みなさい。

(1) パーティーに招待してくれてありがとうございます。

Thank you for (introducing / inviting / holding) me to the party.

(2) 彼は人生をより豊かにするために仕事を辞めた。

He (quit / adopted / claimed) his job to make his life better.

(3) その単語の頭文字を教えてください。

Please tell me the (opposed / initial / middle) letter of that word.

▼ ここで折り返して答え合わせ ▼

1 日本文に合うように，与えられた文字から始まる語を（　　　　）に入れなさい。

(1) これらの3人の生徒はそれぞれ絵を描いた。

（E　　　　　　　） of these three students has drawn a picture.

(2) この写真は何か変だ。

This picture is （s　　　　　　） strange.

(3) 私は1人で引っ越し準備をし終えた。

I finished preparing to move by （m　　　　　　）.

(4) 他人を助ける人はその恩恵を受けることがある。

（T　　　　　　） who help others may receive the benefits.

(5) この財布は好きではありません。別のものを見せてください。

I don't like this wallet. Please show me （a　　　　　　）.

(6) このコンピュータを修理するのに20ドルかかります。

（I　　　　） （c　　　　　　） twenty dollars to fix the computer.

2 与えられた文字から始まる語を（　　　　）に入れて，英文を完成しなさい。

(1) A：What did you buy?

B：I bought a red T-shirt, and he bought a blue （o　　　　　　）.

▼ ここで折り返して答え合わせ ▼

(2) A : Some are standing, (o   ) are sitting in this room.

    B : Yes, they seem to be bored.

(3) A : Which has a larger population, Japan or Germany?

    B : The population of Japan is larger than (t   ) of Germany.

(4) A : (I   ) kind of you to carry my luggage.

    B : No problem.

3 日本文に合うように, (   ) 内から最も適する語を選び, ○で囲みなさい。

(1) 今日は, ほとんどすべての生徒が出席している。

    (Almost all of / Both / Most) the students are present today.

(2) もしあなたがその本を必要としているのなら, 貸しましょう。

    If you need the book, I will lend (one / ones / it) to you.

(3) 母は私と妹に編み物を手伝うよう頼んだが, 2人とも編み物ができない。

    My mother asked me and my sister to help her knit, but (neither / either / none) of us can knit.

1 日本文に合うように，与えられた文字から始まる語を（　　　）に入れなさい。

(1) 彼は本当のことを言っているのだと言い張った。

He (i　　　　) (o　　　　) the truth of his story.

(2) 私はあなたがこれ以上不平を言うのにがまんできない。

I cannot (p　　　　) (u　　　　) with your complaining any longer.

(3) 最近，彼から連絡はありますか。

Have you (h　　　　) (f　　　　) him recently?

(4) それはいくぶんかは私の責任でもある。

It is my fault (i　　　　) (p　　　　), too.

(5) 金持ちが必ずしも貧乏人よりも幸福であるとは限らない。

The rich are (n　　　　) (a　　　　) happier than the poor.

(6) 彼は新しい環境に適合する能力が高い。

He has a high ability to (a　　　　) himself (t　　　　) new environments.

(7) 彼は大々的に事業を継続させたいと思っている。

He hopes to (c　　　　) (o　　　　) his business on a large scale.

(8) 国家主義と愛国心を混同してはいけない。

Nationalism is not to be (c　　　　) (w　　　　) patriotism.

2 **日本文に合うように,( )内から適する語を選び,〇で囲みなさい。**

(1) 彼女は様々な団体に関係している。

She is (connected / corresponded) with various organizations.

(2) 書類に目を通してください。

I would like you to look (up / over) these documents.

(3) 私たちはそのジョークを聞いて笑わずにはいられなかった。

We could not (help / make) laughing at the joke.

3 **日本文に合うように,( )に適する語を下から選び,記号で答えなさい。**

(1) 子どもたちはジーンを笑いものにした。

The children made ( ) of Jean.

(2) ディナーテーブルにもう1人の客の席を作れますか。

Can you make ( ) for another guest at the dinner table?

(3) 彼女は状況を理解できなかった。

She could not make ( ) of the situation.

(4) あなたはもっと努力するべきだ。

You need to make more ( ).

[ア sense イ fun ウ room エ efforts]

▼ ここで折り返して答え合わせ ▼

解答

(7) carry on (8) confused with

(1) insisted on (2) put up (3) heard from (4) in part (5) not always (6) adapt[adjust], to

英単熟語一覧

DAY 01 生命

youth	名	若さ
figure	名	① 姿　② 人物　③ 図形　④ 数字
mankind	名	人類
organ	名	器官
character	名	① 性格　② 登場人物　③ 文字
vital	形	① 極めて重大な，不可欠の　② 致命的な
native	形	① 故郷の　② 生まれつきの
generation	名	① 世代　② 同時代の人々
life	名	① 活気，元気　② 生命　③ 生き物
brain	名	① 脳　② 知能
shoulder	名	肩
blood	名	① 血液　② 血統
arm	名	① 腕　② 武器　＊「武器」の意味では通例複数形
chest	名	胸
muscle	名	① 筋肉　② 筋力，腕力
shy	形	恥ずかしがりやの，内気な
brave	形	勇敢な
nervous	形	神経質な
breathe	動	呼吸する
grow	動	① 成長する　② ～になる　③ ～を育てる
marry	動	～と結婚する
anxious	形	① 不安な，心配して　② 切望して
serious	形	① 真面目な　② 深刻な，重大な
generous	形	① 寛大な　② 気前のよい
sleepy	形	眠い
asleep	形	眠って　＊ fall asleep = 寝入る
sleep	動	眠る
bring	動	～を持ってくる　＊ bring up = ～を育てる
wake	動	目を覚ます，目覚める　＊ wake up = 目覚める
turn	動	回る，～を回す　＊ turn up = 現れる

名 …名詞　形 …形容詞　動 …動詞　副 …副詞　熟 …熟語　接 …接続詞　前 …前置詞　代 …代名詞

DAY 02　感覚と感情

notice	動	〜に気づく
stare	動	〜をじっと見つめる
glance	動	〜をちらりと見る
witness	動	〜を目撃する
vision	名	① 視覚　② 展望
taste	名	① 味覚　② 味　③ 好み
hunger	名	飢え
sour	形	すっぱい，酸味の
thirsty	形	のどがかわいた
bitter	形	にがい
scream	動	悲鳴をあげる
satisfy	動	〜を満足させる　＊ be satisfied with 〜 ＝〜に満足する
irritate	動	〜をイライラさせる
anxious	形	心配して　＊ be anxious about 〜 ＝〜を心配している，気にしている
upset	形	うろたえた，動転した
courage	名	勇気
sorrow	名	悲しみ，悲嘆
content	名	① 中身　② 内容
comfort	名	安楽，快適
emotion	名	① 感情　② 感動

DAY 03　仕事と身分

wage	名	賃金
task	名	① 仕事，職務　② 課題
labor	名	① 労働　② 仕事　③ 労働力
career	名	① 経歴　② 職業
profession	名	職業
expert	名	① 専門家　② 熟達者
status	名	(社会的) 地位
colleague	名	同僚，仲間
clerk	名	事務員，店員
chairperson	名	① 議長　② 会長
corporation	名	法人，企業
officer	名	① 公務員　② 警官，巡査
slave	名	奴隷
dismiss	動	〜を解雇する
employ	動	〜を雇う
promote	動	① 〜を昇進させる　② 〜を促進する

resign	動	～を辞める
serve	動	① ～に仕える ② ～に給仕する
break	名	休憩，小休止
routine	名	決まり切った仕事，日常の仕事
recruit	名	新人

DAY 04　変化

transfer	動	① ～を移す ② 乗り換える
transform	動	～を変化させる　＊ transform A into B = A を B に変える
shift	名	① 変化 ② 交代（制）
vary	動	① 変わる ② ～を変える
add	動	～を加える
increase	動	① 増大する ② ～を増やす
sum	名	① 合計 ② 総額
proportion	名	① 割合 ② 部分
depth	名	深さ
strength	名	強さ，力
fill	動	～にいっぱいにする　＊ fill A with B = A を B で満たす
expand	動	① ～を広げる ② 広がる
sink	動	① 沈む ② 衰える
gradual	形	だんだんの，徐々の
shake	動	～を揺さぶる，振る
modify	動	～を修正する
blow	動	（風が）吹く
steady	形	しっかりした，安定した
flexible	形	曲げやすい，柔軟な
multiple	形	多種多様の，多数の
broad	形	① 幅広い ② 寛大な

DAY 05　副詞

frankly	副	率直に言って
surprisingly	副	驚いたことに
inevitably	副	必然的に
probably	副	たぶん，十中八九
certainly	副	確かに，きっと
possibly	副	ひょっとすると
honestly	副	正直なところ
fortunately	副	幸いにも

regularly	副	① 定期的に　② 規則的に
absolutely	副	絶対に
extremely	副	極端に，極めて
heavily	副	① 重々しく，重そうに　② 激しく
seriously	副	深刻に，重く
downtown	副	繁華街に，都心部に
hardly	副	ほとんど〜ない
completely	副	完全に，完璧に
closely	副	① 接近して　② 厳密に　③ 注意して
correctly	副	正しく，正確に
directly	副	直接に
eventually	副	結局は，ついに
rapidly	副	急速に

DAY 06　熟語 ①

because of 〜	熟	〜のために，〜のせいで
enough to 〜	熟	〜するのに十分な
at least	熟	少なくとも
not only 〜 but also ...	熟	〜だけではなく…もまた
too 〜 to ...	熟	とても〜なので…できない
remind 〜 of ...	熟	〜に…を思い出させる
either A or B	熟	A か B のどちらか
neither A or B	熟	A も B もどちらも〜ない
whether A or B	熟	① A か B か　② A であろうと B であろうと
even if 〜	熟	たとえ〜だとしても
after all	熟	結局
be similar to 〜	熟	〜に似ている
be likely to 〜	熟	〜しそうだ
in addition to 〜	熟	〜の他に
in favor of 〜	熟	〜を好んで，〜に賛成して，〜を支持して
in spite of 〜	熟	〜にもかかわらず
in terms of 〜	熟	① 〜に関して　② 〜の点から

DAY 07　熟語 ②

according to 〜	熟	① 〜によれば　② 〜に従って
A rather than B	熟	B というよりむしろ A
allow 〜 to ...	熟	〜が…することを許す

no longer 〜	熟	もはや〜ではない
tend to 〜	熟	〜しがちである
as if 〜	熟	まるで〜であるかのように
deal with 〜	熟	〜を扱う
base 〜 on ...	熟	〜を…に基づかせる
be afraid of 〜	熟	〜をおそれている
be aware of 〜	熟	〜に気づいている
belong to 〜	熟	〜のものである，〜に所属する
refer to 〜	熟	〜に言及する
pick up 〜	熟	① 〜を拾い上げる ② 〜を車に乗せる ③ (スピード) を増す
grow up	熟	成長する，大人になる
as 〜 as possible	熟	できるだけ〜
take care of 〜	熟	〜の世話をする
come out	熟	出てくる
turn out 〜	熟	〜と判明する
be supposed to 〜	熟	〜することになっている
be confined to 〜	熟	① 〜に限られている ② 〜に閉じこもっている

DAY 08　社会・習慣

habit	名	① 習慣 ② 癖
trend	名	傾向，風潮
institution	名	① 制度 ② 設立 ③ 施設
citizen	名	市民，国民
society	名	① 社会 ② 交際
secret	名	秘密
behave	動	ふるまう
incline	動	① 〜を傾ける ② 〜したい気にさせる
liable	形	法的責任がある　＊ be liable to 〜 = 〜しがちである，〜しそうである
boast	動	自慢する　＊ boast of[about] 〜 = 〜を自慢する
trust	動	〜を信頼する
dignity	名	威厳
glory	名	名誉，栄光
credit	名	信用
pride	名	誇り
shame	名	恥，恥となるもの
betray	動	〜を裏切る
confident	形	自信のある，確信して

DAY 09　自然とエネルギー

space	名	① 宇宙空間　② 余地
soil	名	土，土壌
planet	名	惑星
horizon	名	地平線，水平線
gravity	名	重力
flood	名	洪水
environment	名	① 環境　② 周囲
temperature	名	温度，気温
pollution	名	汚染，公害
volcano	名	火山
cave	名	洞穴
moisture	名	湿気，水分
habitat	名	生息地
phenomenon	名	現象
storm	名	嵐
drought	名	干ばつ
coast	名	海岸，沿岸
wave	名	波
landscape	名	① 景色　② 眺望
continent	名	大陸
fuel	名	燃料
crash	名	① 衝突　② 墜落
wild	形	① 野生の　② 未開の　③ 荒れた
island	名	島

DAY 10　産業と経済

fabric	名	① 織物　② 組織
mine	名	① 鉱山　② 地雷
harvest	名	収穫
trade	名	① 貿易　② 商売
capital	名	① 資本　② 大文字　③ 首都
poverty	名	貧しさ，貧困
purchase	名	購入
fee	名	料金
run	動	① ～を経営する　② （機械などが）動く
invest	動	～を投資する
depress	動	～を意気消沈させる

spend	動	(時・金)を使う ＊ spend A on B = A を B に使う
waste	動	① ～を無駄にする ② ～を荒廃させる
produce	動	～を生産する
negotiate	動	(～について)交渉する
plant	名	① 植物 ② 工場
industry	名	① 工業 ② 産業
economy	名	① 経済 ② 節約
farm	名	① 農場 ② 飼育場
crop	名	① 作物 ② 収穫
seed	名	① 種子 ② 原因
client	名	① 依頼人 ② 顧客
agriculture	名	農業

DAY 11　能力と機能

do	動	do ～ good = ～のためになる, 役に立つ do well to do = ～するのが賢明である do with ～ = ～を処理する
afford	動	余裕がある ＊ can afford to ～ = ～する余裕がある
sound	動	① 音がする ② ～に聞こえる
use	名	① 効用 ② 用途 ③ 使用 ＊ of use = 有益な
need	名	① 必要(なもの) ② 貧困 ＊ in need = 困窮して
appropriate	形	適当な, ふさわしい ＊ appropriate for[to] ～ = ～の場合にふさわしい
efficient	形	① 効率的な ② 有能な
available	形	利用できる, 入手可能な
necessary	形	① 必然的な, 避けられない ② 必要な
convenient	形	便利な, 都合のよい
talent	名	才能
fault	名	① 欠点 ② 誤り
effect	名	① 結果 ② 影響 ③ 効果
skill	名	技量, 手腕
facility	名	① 容易さ ② 設備
influence	名	① 影響(力) ② 勢力
suit	動	① ～に適する ② (衣服が人に)似合う
fit	動	(サイズが)合う
capacity	名	① 能力 ② 収容力, 容積
function	名	① 機能 ② 役目
genius	名	天才
substitute	名	代用品

DAY 12　政治

law	名	法律
colony	名	植民地
duty	名	義務
authority	名	① 権威　② 権限
rule	名	規則
right	形	正しい
order	動	～を命じる
submit	動	～を提出する
tax	名	税
politics	名	政治学
ban	動	～を禁止する
crime	名	犯罪
treaty	名	条約
democracy	名	民主主義
republic	名	共和国
vote	動	投票する
refuse	動	～を拒む
press	動	～を押す
policy	名	政策
research	名	調査
prison	名	刑務所

DAY 13　問題と解決

doubt	動	～を疑う
damage	名	① 損害　② 被害
bother	動	～を悩ます
confuse	動	～を混乱させる
challenge	名	① 挑戦　② 決闘
interrupt	動	～をさえぎる
successful	形	成功した
successive	形	連続した
succeed	動	成功する
success	名	成功
treat	動	① ～を治療する　② ～を扱う
solve	動	～を解く，解決する
hesitate	動	～をためらう
trouble	名	① 心配事　② 面倒　＊ be in trouble = 困っている
prevent	動	～を防ぐ　＊ prevent ... from ～ing = …が～するのを妨げる

fail	動	失敗する ＊fail to do＝～しない，しそこなう
suffer	動	苦しむ ＊suffer from ～＝～に苦しむ
beat	動	～を打ち負かす
victory	名	勝利
defeat	動	～を負かす

DAY 14 接続詞

unless ～	接	～でない限り
until ～	接	～まで
besides	副	そのうえ
therefore ～	副	それゆえに
文, for ～	接	…だ，というのも～だからだ
文, so ～	接	…だ，だから～
命令文, and ～	接	そうすれば～
命令文, or ～	接	さもないと～
as ～	接	～しているとき，～しながら
next time ～	接	次に～するときに
once ～	接	いったん～すると，～してしまえば
in case ～	接	～の場合に備えて，～するといけないから
suppose ～	接	もし～なら（どうするか）
no matter what[how] ～	接	何を［どれだけ］～しようとも
even though ～	接	～にもかかわらず
for fear ～	接	～しないように，～するといけないから
no sooner ～ than	接	～するやいなや

DAY 15 熟語 3

pay attention to ～	熟	～に注意を払う
manage to do	熟	どうにかして～する
more and more	熟	ますます
point out ～	熟	～を指摘する
take over ～	熟	～を引き継ぐ
This is why ～	熟	そんなわけで～
as a whole	熟	全体として，総括的に
be engaged in ～	熟	～に従事している
take place	熟	① 起こる ② 催される
a number of ～	熟	① いくつかの～ ② たくさんの～
the number of ～	熟	～の数
be responsible for ～	熟	～に対して責任がある

put ～ into practice	熟	～を実行に移す
put off ～	熟	～を延期する
put out ～	熟	① ～を消す　② ～を発表する
put down ～	熟	① ～を抑える　② ～を書き留める

DAY 16　教育

lecture	名	講義
professor	名	教授
education	名	教育
principal	名	校長
term	名	学期
college	名	大学
examine	動	① ～を試験する　② ～を調べる
grade	名	成績
learn	動	～を学ぶ
educate	動	～を教育する
exam	名	試験
chemistry	名	化学
review	動	～を復習する
introduce	動	～を紹介する
graduate	動	卒業する　＊ graduate from ～＝～を卒業する
practice	名	① 習慣　② 開業　③ 実行

DAY 17　思考と判断

attitude	名	① 態度　② 姿勢
memory	名	① 記憶　② 思い出
idea	名	① 考え　② 意見
opinion	名	① 意見　② 評価
remember	動	～を思い出す
consider	動	熟考する　＊ consider A〔as〕B＝A を B と考える
suspect	動	～ではないかと疑いをかける
guess	動	～を推測する
recognize	動	① ～をそれとわかる　② ～を承認する
symbol	名	象徴
judge	動	～を判断する
campaign	名	（社会的・政治的）運動
suggest	動	～を提案する
announce	動	～を発表する，知らせる

intend	動	～を意図する ＊intend to do＝～するつもりだ
complain	動	不平を言う
worth	形	～の価値がある
willing	形	進んでして ＊be willing to do＝進んで～する
doubtful	形	疑わしい
persuade	動	～を説得する
advise	動	～に助言する
decide	動	～を決心する
admit	動	～を認める
recommend	動	～を勧める
suppose	動	～と思う
display	動	～を展示する
brave	形	勇敢な
permit	動	～を許す

DAY 18　賛成と反対

support	動	～を支える
object	動	（object to ～で）～に反対する
charge	動	（料金などを）請求する
select	動	～を選びだす
deny	動	～を否定する
favor	名	① 親切な行為　② 支持 ＊Wii you do me a favor?＝お願いがあるのですが。
blame	動	① ～をとがめる　② ～を責める
fair	形	公正な
worth	形	～の価値がある
allow	動	～を許す
oppose	動	～に反対する
protest	動	～に抗議する
appreciate	動	① ～を正しく認識する　② ～を感謝する
accept	動	① ～を受け入れる　② ～を容認する
reject	動	～を拒絶する
refuse	動	～を断る
praise	動	～を称賛する

DAY 19　本質と美

rare	形	まれな
fundamental	形	基本的な

crucial	形	重大な
common	形	共通の
polish	動	〜をみがく
appeal	動	(appeal to 〜で) 〜に訴える
base	動	(base A on B で) B に A の基礎をおく
tiny	形	ごく小さい
matter	動	重要である
complex	形	複雑な
royal	形	王室の
precious	形	貴重な，高価な
quality	名	品質
beauty	名	美しさ

DAY 20 言語・伝達・情報

vocabulary	名	語い
sign	名	標識
letter	名	文字
author	名	筆者
explain	動	〜を説明する
whisper	動	ささやく
translate	動	(translate A into B で) A を B に翻訳する
refer	動	(refer to 〜で) 〜を参照する
publish	動	〜を出版する
inform	動	〜に知らせる
discuss	動	① 〜を討論する　② 〜を論じる
dialect	名	方言
article	名	記事
state	名	国家，国
apologize	動	謝罪する
register	動	登録する
respond	動	反応する
warn	動	(warn 〜 of ...で) 〜に…を警告する
excuse	動	① 〜を許す　② 〜の言いわけをする
reply	動	答える，返答する
spelling	名	つづり
communicate	動	伝達する　＊ communicate with 〜 ＝ 〜と通じ合う，文通する
express	動	〜を表現する

DAY 21　学問・研究・調査

geology	名	地質学
geography	名	地理学
scholar	名	学者
logic	名	論理
survey	名	調査
reveal	動	（見えなかったもの）を明らかにする
likely	形	ありそうな　＊ be likely to do＝～しそうである
reason	名	① 理由　② 道理　③ 理性
experiment	名	実験
observe	動	～を観察する
recognize	動	① ～をそれとわかる　② ～を承認する
improve	動	～を改良する
reserve	動	～を予約する
research	名	調査
recover	動	～を回復する
investigate	動	～を調査する，研究する
define	動	～を定義する
announce	動	～を公表する
theory	名	① 理論　② 学説
prove	動	～を証明する

DAY 22　前置詞

among	前	～の間で
within	前	～以内に
with	前	～を身に着けて
to	前	（感情を表す名詞を用いて）（人が）～したことには
over	前	～をしながら
except	前	～を除いて
be made of ～	熟	～（材料）からできている
be made from ～	熟	～（原料）からできている
be made with ～	熟	～（複数の材料）からできている
until	前	～まで（ずっと）
during	前	～の間
by	前	～までに
against	前	～に反対して
for	前	～に賛成して
below	前	～より下に
at	前	（時刻を表して）～に

in	前	（月・年などを表して）〜に
on	前	（日付・曜日を表して）〜に
through	前	〜を通して
under	前	（動作の過程を示して）〜中で
despite	前	〜にもかかわらず
besides	前	〜に加えて
with ＋名詞	前	副詞のはたらきをする　＊ with ease = 簡単に
of ＋名詞	前	形容詞のはたらきをする　＊ of ease = 簡単な
beyond	前	〜の向こうに

DAY 23　熟語 4

for the sake of 〜	熟	（利益・目的）のために
in common	熟	共通に
keep[bear] 〜 in mind	熟	〜を心に留める
a great deal of 〜	熟	非常に多量の〜
no more than 〜	熟	わずかに〜
blame 〜 for ...	熟	① …を〜のせいにする　② …のために〜を非難する
run out of 〜	熟	〜を使い果たす
be proud of 〜	熟	〜を誇りに思う，〜を自慢にする
attend to 〜	熟	① 〜に専心する　② 〜を注意して聞く
apply to 〜	熟	〜にあてはまる
compare 〜 with ...	熟	〜と…を比較する
translate 〜 into ...	熟	〜を…に翻訳する
get into 〜	熟	（ある状態に）なる
get over 〜	熟	① 〜を乗り越える　② （病気から）回復する
get rid of 〜	熟	〜を取り除く
get to 〜	熟	〜に到着する

DAY 24　場・存在

inner	形	内面的な
local	形	地元の
suburban	形	郊外の
close	形	近い
face	動	〜に面する
exist	動	存在する
situation	名	状況，立場
instead of 〜	熟	〜の代わりに
appear	動	現れる

region	名	① 地方　② 地域
lack	名	不足
field	名	① 分野　② 競技場
condition	名	① 状態　② 状況
explore	動	～を探検する
miss	動	～を逃す
respect	動	～を尊敬する
hide	動	～を隠す
locate	動	～に位置させる
opportunity	名	機会
stage	名	① 段階　② 舞台
scene	名	① 場面　② 光景　③ 現場
lay	動	① ～をおく　② ～を横たえる　③ ～を並べる　※過去形は laid
lie	動	① 横になる　② 横たわる　※過去形は lay
ignore	動	～を無視する
indicate	動	～を示す
inspire	動	～を奮起させる
external	形	外の，外部の
internal	形	内の，内部の
eternal	形	永遠の

DAY 25　関係・関連・関わり

depend	動	(depend on [upon]～で) ～に頼る，依存する
deal	動	(deal with ～で) ～を処理する
connect	動	～をつなぐ
bow	動	おじぎをする
nod	動	うなずく
obey	動	～に従う
associate	動	(associate A with B で) A で B を連想する
resist	動	抵抗する
polite	形	礼儀正しい
relate	動	(relate A to [with] B で) A を B と関連づける
neighbor	名	隣人　※ a good neighbor＝近所づきあいのよい人
concern	動	① ～を心配させる　② ～に関係がある
subject	形	(subject to ～で) ～に服従する
belong	動	(belong to ～で) ～に属している
stranger	名	見知らぬ人
settler	名	開拓移民

independent	形	(be independent of 〜で) 〜から独立して
rely	動	(rely on 〜で) 〜を頼りにする，〜を信頼する

DAY 26　進歩・創造・科学技術

technology	名	科学技術
electric	形	電気の
progress	名	① 進行　② 進歩
science	名	① 科学　② 自然科学
prepare	動	〜を準備する
design	動	〜を設計する
inspire	動	〜を奮起させる
create	動	〜を創作する
repair	動	〜を修理する，修繕する
develop	動	発展する，発達する
found	動	〜を設立する
ruin	動	〜を破滅させる
recognize	動	① 〜をそれとわかる　② 〜を承認する
accomplish	動	〜を成就する，完成する
discover	動	〜を発見する
delay	動	〜を遅らせる
deliver	動	〜を運ぶ
achieve	動	〜を成し遂げる
protect	動	〜を保護する
invent	動	〜を発明する
establish	動	〜を設立する
realize	動	① 〜を実現する　② 〜を悟る

DAY 27　時間・今と昔

era	名	時代
annual	形	① 1年の　② 毎年の
present	形	① 現在の　② 出席して
novel	形	① 目新しい　② 小説（名詞）
moment	名	瞬間
previous	形	① その前の　② (previous to 〜で) 〜より前に
former	形	以前の
recent	形	最近の
instant	名	瞬間　＊ for an instant ＝ ちょっとの間
immediately	副	ただちに，〜するやいなや

current	形	現在の
period	名	期間
century	名	① 世紀　② 100 年
ancient	形	古代の
historical	形	歴史上の
convention	名	慣習，風習
law	名	法律
regulation	名	規則
nowadays	副	（現在形とともに用いて）今日では
lately	副	（現在形以外に用いて）最近
frequently	副	頻繁に

DAY 28　初めと終わり，因果関係

agency	名	代理店
origin	名	① 起源　② 生まれ
source	名	① 源　② 原因　③ 寄り所，出典
process	名	過程，経過
consequence	名	結果
continue	動	① 続く　② ～を続ける
sequence	名	① 連続　② (a sequence of ～で) 一連の～
series	名	(a series of ～で) 一連の～
result	動	(result from ～で) ～から起こる
lead	動	(lead A to do で) A に～するよう仕向ける
rise	動	① 上がる　② 昇る　③ 出る
raise	動	① ～を上げる　② ～を育てる　③ （資金などを）募る
drive	動	(drive A into [to] B で) A を B に追いやる
cause	動	～を引き起こす
pause	動	（一時的に）休止する
introduce	動	～を紹介する
invite	動	～を招待する
hold	動	① ～を抱く　② ～を催す
quit	動	～を辞職する
adopt	動	～を採用する
claim	動	～であると主張する
opposed	形	対立した
initial	形	① 最初の　② 語頭の
middle	形	真ん中の，中間の

DAY 29　代名詞

each	代	それぞれ
something	代	何か　＊ something ＋形容詞 ＝ 何か〜なもの
by oneself	代	自分自身で
those	代	（those who 〜で）〜な人
another	代	（他の不特定のうちの）1つ
it 〜 to do	代	it は形式主語で to 以下を指す
one	代	（すでに出た名詞を指し）1つ
some 〜, others ...	代	〜な人もいれば…な人もいる
that of 〜	代	（名詞の繰り返しを避けて）〜のそれ
it's＋形容詞＋of＋人＋to do	代	（人）が〜するのは（形容詞）なことだ
almost all of	代	大半の〜　＊ most of 〜と同意
both	代	両方の
it	代	（特定のものを指して）それ　＊ one は不特定のものを指す
neither	代	どちらも〜ない
either	代	どちらか一方，（否定語を伴って）どちらも〜ない
none	代	何も〜ない

DAY 30　熟語 ⑤

insist on 〜	熟	〜を主張する
put up with 〜	熟	〜をがまんする
hear from 〜	熟	〜から連絡をもらう
in part	熟	部分的には
not always	熟	必ずしも〜ではない
adapt 〜 to ...	熟	〜を…に適合させる
carry on 〜	熟	〜を続ける
confuse 〜 with ...	熟	〜と…を混同する
be connected with 〜	熟	〜と関係がある
look over 〜	熟	① 〜にざっと目を通す　② 〜を大目に見る
cannot help 〜ing	熟	〜せずにはいられない
make fun of 〜	熟	〜をからかう
make room for 〜	熟	〜に席をあける
make sense of 〜	熟	〜を理解する
make an effort[efforts]	熟	努力する